ESPORTARE E' BELLO

PICCOLA GUIDA ALL'ESPORTAZIONE PER IMPRENDITORI DISPERATI

LUCIO MENCATELLI

Ritengo che lo strumento fondamentale che possa consentire un aumento considerevole dell'offerta lavorativa e la conseguente diminuzione della disoccupazione (con tutte le ricadute positive che ne seguirebbero)possa essere l'incremento delle esportazioni.

L'Italia è caratterizzata da offerte di servizi e di prodotti di alta qualità, siano essi agricoli, alimentari,meccanici, artigianali, tessili, turistici ecc.

Lo scopo del presente, modesto opuscolo, vuole essere il tentativo di stimolare e di sospingere i tanti nostri valenti

imprenditori , a rivolgersi con serenità e fiducia ai mercati esteri.

La prudenza è una dote fondamentale per chi ,come essi, ha responsabilità gravose. L'importante è non farsi sopraffare da paure, timidezze e incertezze immotivate.

Lucio Mencatelli

I PRIMI PASSI VERSO L'ESTERO

Procediamo verso il nostro obbiettivo con pazienza, calma ma anche determinazione.

I primi passi necessari sono i seguenti :

- ricerca di Paesi aventi una generale valutazione/considerazione di rischio bassa o comunque contenuta. Questi dati sono stabiliti periodicamente da importanti Agenzie di rating Internazionali (Moody's, Standard & Poor's, Fitch ecc) . Esse individuano e giudicano ogni Stato sovrano, attribuendogli una valutazione (di solito espressa in lettere : la tripla "A+" esprime il miglior voto, e via a decrescere)che tenga conto della sua situazione politica (maggiore o minore stabilità) economica (capacità di produrre ricchezza, il valore del suo Prodotto Interno Lordo) finanziaria (capacità di rimborsare i propri debiti, indebitamento verso altri Paesi, deficit sotto controllo o meno) sociale (situazione di tranquillità sociale) ecc.
Possono venirci in aiuto in questo senso varie pubblicazioni / giornali economici , Bollettini della Banca d'Italia, ma, più rapidamente, interrogazioni su Internet e soprattutto notizie dall' Istituto di credito di cui siamo clienti.

Abbiamo ottenuto ciò che volevamo. Inoltriamoci nella fase successiva

- Il secondo passo è l'individuare, nell'ambito di ciascun Paese di nostro gradimento, le Banche di maggior solvibilità.Ciò è fondamentale per le ulteriori fasi , come apparirà più chiaro leggendo i successivi paragrafi. Anche in questo caso possiamo fare riferimento alle solite Agenzie di Rating di cui sopra, dati che rileveremo dai soliti giornali economici o dal solito Internet. Ma, ancora una volta, ci verrà in soccorso il nostro fedele Istituto bancario. Ciò per motivi molto semplici : le Banche detengono , come i normali clienti, rapporti di conto corrente e rapporti di reciproco affidamento con Banche Internazionali e sono perciò in grado di fornire una immediata e aggiornata valutazione di rischio sulle stesse Banche, sia

direttamente (se hanno rapporti diretti) sia indirettamente
,contattando altre banche che questi rapporti possano avere.

Ora abbiamo la lista degli Stati migliori e la lista delle loro
banche migliori.
Passiamo alla fase successiva.

TROVARE IL NOSTRO PRIMO CLIENTE
Dobbiamo ora cercare di entrare in contatto con nominativi
potenzialmente interessati alla nostra produzione o offerta di
servizi.
La ricerca del nostro primo grande amico estero può essere
attuata attraverso diverse strade:
- interpelliamo la solita ,nostra Banca di fiducia . Spesso le
Banche più importanti (soprattutto quelle con agenzie in altre
Nazioni) ricevono richieste da istituti di credito esteri o dalle
loro filiali all'estero, di ditte straniere che intendono attivare
rapporti commerciali in Italia. E' da ritenersi che tali
nominativi siano conosciuti favorevolmente , visto che
intrattengono rapporti bancari e che le loro banche li assistono
in questa ricerca.
- le Camere di Commercio sono in contatto con le loro
omologhe associazioni straniere. Solitamente dovrebbero
disporre di tutta una serie di nominativi interessati a entrare in
rapporti di affari con ditte italiane, per i più svariati prodotti.
In questo caso non abbiamo elementi per valutare la serietà
della controparte , ma ciò non rappresenta un problema come
vedremo più avanti
- Anche la associazione di categoria cui apparteniamo (ad es.
Confidustria, Confartigianato, Confagricoltura ecc.)
normalmente dovrebbe essere in grado di fornire nominativi
con le caratteristiche che cerchiamo ,o comunque essa può
indirizzarci adeguatamente in merito a questa ricerca.Come

indicato sopra ,non abbiamo elementi circa la qualità /moralità del nostro futuro interlocutore estero ,ma in questa fase non è così determinante.

- Proviamo a partecipare a fiere o mercati di livello nazionale o internazionale .Avremo sicuramente incontri interessanti e proficui(sempre che ciò che offriamo sia altrettanto interessante).

- Perché non stipulare accordi /contratti con altri imprenditori italiani (di cui naturalmente ci fidiamo) i quali abbiano necessità di integrare le proprie forniture o i propri contratti con il nostro prodotto? Grazie a loro potremo introdurci su nuovi mercati esteri ; avremo modo di far conoscere la nostra offerta e di farla apprezzare, nonché di conoscere altri potenziali clienti. E ,cosa non da poco, avremo la possibilità di fare esperienza e di capire come muoverci su un terreno del tutto nuovo per noi, facendoci aiutare da un imprenditore che conosciamo.

- Potremo partecipare a bandi o gare di appalto internazionali. A questo proposito però va detto che per neofiti come siamo noi in questo momento può essere difficoltoso realizzare e seguire tutta la complessa macchina amministrativa relativa ai bandi di una gara, se non siamo adeguatamente assistiti dalla nostra Banca, ma soprattutto da professionisti esperti. Ciò in quanto di solito occorrono vari strumenti di affidamento quali fideiussioni bancarie (bid bond, repayment bond, performance bond ecc.) , presentazione di molteplici tipi di documentazioni entro tempi ben precisi e via dicendo.

- Ci potremo affidare per la nostra strenua ricerca di clienti esteri, ad agenzie in questo specializzate. Può essere una scelta vantaggiosa, in quanto queste agenzie (che possiamo trovare su Internet) di solito forniscono oltre al nominativo,anche elementi di valutazione sulla sua serietà e solvibilità, nonché provvedono a dare assistenza e consulenza in tutte le fasi ,

dalla trattativa iniziale alla stipula del contratto sino al seguimento della spedizione della fornitura e al pagamento della stessa. C'è un piccolo particolare : non lo fanno gratis.
- Infine , possiamo crearci il nostro sito su Internet e, possibilmente in inglese (lingua che d'altronde conosciamo benissimo,visti i bei voti scolastici), illustreremo la nostra produzione magnificandola in ogni suo aspetto. Ai tempi della scuola , preferivamo il pallone allo studio delle lingue? Poco male. Abbiamo i nostri figli.
Solo che anche loro preferiscono il pallone .

A questo proposito, ricordiamo con una punta di orgoglio quando, circondati da numerose ragazze, enunciavamo con toni altisonanti frasi come :" << Nicht hinausleen aus den fenster werfen!>> che attribuivamo a quel famoso poeta tedesco. E tutte ci guardavano stupefatte e piene di ammirazione, grate verso di noi per la conoscenza che mettevamo a loro disposizione.

Tutte?
Quasi tutte.
Tutte tranne quelle che per motivi di studio o di lavoro avevano sviluppato per quella frase una sindrome di tipo violento; viaggiando sempre in treno esse ,infatti, la sognavano anche di notte ("E' vietato sporgersi dai finestrini").Dalle stesse ci venivano rivolte svariate frasi irriguardose. Ma erano una minoranza.

Tornando a noi, non resta quindi che dare una ripassata ai nostri amati libri scolastici ,muniti di relativo vocabolario , oppure sfruttare le traduzioni che ci può offrire Internet (Google, Microsoft ecc.).O,infine, farsi aiutare da qualcuno che conosce l'inglese. E attendere fiduciosi.

ABBIAMO UN CLIENTE

Finalmente. Era ora.

La ditta "JERRY & TOM" (da non confondersi con la ditta "TOM & JERRY") ci ha contattato (in inglese) dimostrandosi interessata .Abbiamo anche inviato un campione dei nostri prodotti.

Sono seguiti altri scambi di e/mail (o raccomandate aeree, se preferiamo). Siamo al punto di stabilire una prima bozza di contratto. Che fare ? Siamo tentati di sparare una richiesta di pagamento anticipato del 100% dell'importo prima della spedizione della merce. Questo perché (giustamente)non ci fidiamo per niente né di Jerry né di Tom.

Così facendo, la naturale conseguenza è che sia Jerry che Tom ci invitino velocemente ad andare a quel paese(in forbito linguaggio oxfordiano) ,con tanti saluti per la nostra prima vendita all'estero.

Dobbiamo pertanto cercare di redigere un contratto che da un lato salvaguardi le nostre giuste esigenze e garanzie di essere pagati regolarmente e dall'altro rispettino il diritto di Jerry & Tom di

avere certezze circa la qualità della nostra merce nonché la sua effettiva spedizione presso la loro sede.

Come redigere il contratto ? Ma in inglese naturalmente.

D'altra parte abbiamo i figli che lo studiano a scuola.

Nel frattempo, però, nella speciale classifica dagli stessi redatta, l'inglese sta perdendo posizioni (siamo a livelli da retrocessione). Infatti al calcio si è aggiunta improvvisamente la morosa, a cui seguono : 2)baldoria con amici 3)videogiochi 4)facebook 5)televisione 6)cinema 7)vari sport a piacere e via dicendo.

Dopo ulteriore strenua ricerca, riusciamo a trovare un testo di contratto , in inglese, con , a seguire, la relativa provvidenziale traduzione in Italiano. Eccolo:

CONTRATTO INTERNAZIONALE DI......	**INTERNATIONAL......**
VENDITA/...	**SALE CONTRACT......**
PARTE A/	**PART A....**

E' qui stipulato un contratto... It has hereby stipulated an.........

Internazionale di vendita tra.................................... .. international sale contract with ....

A-1(Nome e indirizzo del Venditore)......................... (Name and address of the Seller)

....(nome)..

....(indirizzo)..

(in seguito denominato "il Venditore")...........................(hereinafter called "the Seller")...

e.. ....and...

A-2 (Nome e indirizzo del Compratore) ....(Name and address of the Buyer)

.... (nome)...

.... (indirizzo)..

(in seguito denominato "il Compratore")........................(hereinafter called "the Buyer")

A-3 (Prodotti, prezzo e data di consegna)   **(Goods, price and delivery time)**

Per la fornitura di   for the supply of

(Descrizione dei prodotti)   *(description of the goods)*

Prezzo totale/   Total price

(Valuta/ammontare)   *(Currency/Amount)*

Data consegna/   Delivery date

(Le parti possono indicare una data (ad es. 5 marzo 2005)   *5th march 2005*

                                                               (or

oppure un periodo di tempo (ad es entro la fine marzo 2005   *within end of march 2005)*

A-4 Termini di resa/
(scegliere uno dei termini indicati)
_ EXW Franco Fabbrica
..........….................. (luogo convenuto)
_ FCA Franco Vettore

.... (luogo convenuto)

_ FOB Franco a Bordo

........................(porto d'imbarco convenuto)
_ CIF Costo,Assicurazione e Nolo

.... (porto di destinazione convenuto)
_ CPT Trasporto pagato fino a
.... (luogo di destinazione convenuto)
_ CIP Trasporto e assic.pagati fino a
.... (luogo di destinazione convenuto)
_ DDU Reso non sdoganato
.... (luogo di destinazione convenuto)
_ FOT franco su camion o treno
              (luogo di carico convenuto)
A-5 Condizioni di pagamento
(scegliere una tipologia o più tipologie,nel qual
caso indicare la percentuale dell'importo per ciascuna)
_ A-5.1 Pagamento posticipato
xx giorni data fattura (con garanzia bancaria o
Senza garanzia bancaria)

_ A-5.2 Credito documentario irrevocabile (art 6.4)
per pagamento a vista
(oppure)
per pagamento a xx giorni da spedizione

_ Confermato

_ Non confermato/
/Altro:

Delivery terms (Incoterms 2000)

EXW   Ex Works
              (named place)

FCA   Free Carrier

              (named place)

FOB   Free on Board
              (named port of shipment)

CIF   Cost, Insurance andFreight
              (named port of destination)
CPT   Carriage Paid to
        (named place of destination)
CIPCarriage& insurance paid to
        (named place of destination)
DDU   Delivered Duty Unpaid
              (named place of destination)
FOT free on Truck
              (named place of shipment)
/Payment conditions (art.

/Payment on open account (art. 6.2):
days date of invoice with bank guarar
    or without bank guarantee

/ irrevocable documentary credi
        for payment at sight
        (or)
        for payment at XX days
        from shipment(art 6.4)
Confirmed

Unconfirmed
        (other)

_ A-5.3 Pagamento anticipato /Payment in advance (art. 6.3)

Data pagamento Payment date: _____

_ Prezzo totale/ (oppure) Total price (or)

_ ____ % del prezzo % of the price

_ A-5.4 Pagamento contro documenti /Documentary collection (art. 6.5)

_ documenti contro pagamento D/P Documents against payment

_ documenti contro accettazione D/A Documents against acceptance

A-6 Data e firma delle parti **/Date and signature of the parties**

Il presente contratto di compravendita è disciplinato dalle condizioni speciali riportate qui sopra (nella misura in cui siano state riempite le rispettive caselle) e dalle condizioni generali riportate qui di seguito nella parte B.

This sale contract is governed by the special conditions hereabove (to the extent the respective boxes have been filled in) and by the general conditions contained in part B hereafter.

(luogo/ place

data/ date

Il Venditore / **the Seller**

Il Compratore/ **The Buyer**

PARTE B **/PART B**
CONDIZIONI GENERALI/ **GENERAL CONDITIONS**
1. Premessa 1.

1.1 Le presenti condizioni generali si applicano quando le stesse sono state pattuite o richiamate dalle parti. Eventuali deroghe saranno

1.1 These general conditions are applicable when agreed or incorporated by the parties. Possibile derogations will be valid

valide solo se fatte per iscritto. Nel contesto delle presenti condizioni generali il termine «Prodotti» indica prodotti che formano oggetto del singolo contratto di compravendita (in seguito denominato " il Contratto")

only if made in writing.The term "Products" means the products the products which are the subject matter of the individual of sale (hereafter called "The Contract")

1.2 Le presenti condizioni generali si applicano insieme alle condizioni speciali della Parte A (nella misura in cui le rispettive caselle siano state compilate) In caso di contraddizioni prevalgono le condizioni speciali

1.2 These general conditions are applicable togheter with the special conditions of part A (to the extent the respective boxes have been completed). In case of contradiction the special conditions will prevail.

1.3 Il presente contratto di vendita è disciplinato dalla Convenzione delle Nazioni Unite sulla vendita internazionale di merci (Vienna 1980) e, per le questioni non coperte da tale convenzione, dalla legge italiana.

by the United Nations Convention on the International Sales of Goods (Wien 1980) and, with respect to questions not covered by such Convention ,by the Laws of Italy

1.4 Qualsiasi riferimento a termini commerciali (come EXW, CIP, ecc.) è da intendersi come richiamo agli Incoterms della Camera di Commercio Internazionale, nel testo in vigore alla data di stipulazione del contratto.

1.4 Any reference made to trade terms (such as EXW, CIP, etc.) is deemed to be made to Incoterms published by the International Chamber of Commerce and current at the date of conclusion of this contract

2. Caratteristiche dei prodotti - Modifiche

2.1 Eventuali informazioni o dati sulle caratteristiche e/o specifiche dei Prodotti contenute in dépliants, listini prezzi, cataloghi o documenti similari saranno vincolanti solo nella misura in cui tali dati siano

2. Characteristics of the Products -

features and/or specifications of the Products contained in dépliants price lists, catalogues and similar documents shall be binding only to the extent they are expressly referred

stati espressamente richiamati dal Contratto.

2.2 Il Venditore si riserva di apportare ai Prodotti le modifiche che, senza alterare le caratteristiche essenziali dei Prodotti, dovessero risultare necessarie o opportune.

3 Termini di consegna

3.1 Qualora il Venditore preveda di non essere in grado di consegnare i Prodotti alla data pattuita per la consegna, egli dovrà avvisarne tempestivamente il Compratore per iscritto, indicando, ove possibile, la data di consegna prevista. E' inteso che ove il ritardo imputabile al Venditore superi le 6 settimane, il Compratore potrà risolvere il Contratto relativamente ai Prodotti di cui la consegna è ritardata, con un preavviso di 10 giorni, da comunicarsi per iscritto (anche via telefax) al Venditore.

3.2 Non si considera imputabile al Venditore l'eventuale ritardo dovuto a cause di forza maggiore (come definite all'art. 9) o ad atti od omissioni del Compratore (ad es. mancata Comunicazione di indicazioni necessarie per la fornitura dei Prodotti).

3.3 Salvo il caso di dolo o colpa grave del Venditore, è espressamente

to in the Contract.

2.2 The Seller may make any change to the Products which, without altering their essential features, appear to be necessary or suitable

3. Time of delivery

3.1 If the Seller expects that he will be unable to deliver the Products at the date agreed for delivery, he must inform the Buyer within the shortest delay, in writing, of such occurrence, stating, as far as possible, the estimated date of delivery. It is agreed that if a delay for which the Seller is responsible lasts more than 6 weeks, the Buyer will be entitled to terminate the Contract with reference to the Products the delivery of which is delayed, by giving a 10 days' notice,

by telefax) to the Seller

3.2 Any delay caused by force majeure (as defined in art. 9) or by acts or omissions of the Buyer (e.g. the lack of indications which are necessary for the supply of the Products), shall not be considered as a delay for which the Seller is responsible.

3.3 Except in case of fraud or gross negligence of the Seller, any claim

escluso qualsiasi risarcimento del danno per mancata o ritardata consegna dei Prodotti.

3.4 Nel caso di prodotti non standard, il Venditore inizierà la produzione solo dopo aver ricevuto la garanzia bancaria (ove si applichi l'art. 6.2), il pagamento anticipato (ove si applichi l'art. 6.3) o la notifica del credito documentario (ove si applichi l'art. 6.4).

4 Resa e spedizione - Reclami

4.1 Salvo patto contrario,indicato nella parte A la fornitura della merce s'intende Franco Fabbrica (EXW) e ciò anche quando sia convenuto che la spedizione o parte di essa venga curata dal Venditore.

4.2 In ogni modo, quali che siano i termini di resa pattuiti dalle parti, i rischi passano al Compratore al più tardi con la consegna al primo trasportatore.

4.3 Eventuali reclami relativi allo stato dell'imballo, quantità, numero o caratteristiche esteriori dei Prodotti (vizi apparenti), dovranno essere notificati al Venditore mediante lettera raccomandata RR, a pena di decadenza, entro 15 giorni dalla data di ricevimento dei Prodotti. Eventuali reclami relativi a difetti non individuabili mediante un diligente controllo al momento del

for damages arising out of nondelivery of or delay in delivery is expressly excluded.

3.4 In case of non-standard products, Seller will commence production only after having received the bank guarantee (if Article 6.2 is applicable), the advance payment (if Article 6.3 is applicable) or the notification of the documentary credit (if Article 6.4 is applicable).

4 Delivery and shipment -

as indicated in the part A ,the supply of the goods will be Ex Works, even if it is agreed that the Seller will take care, in whole or in part, of the shipment.

4.2 In any case, whatever the delivery term agreed between the parties, the risks will pass to the Buyer, at the latest, on delivery of the goods to the first carrier.

4.3 Any complaints relating to packing quantity, number or exterior features of the Products (apparent defects) must be notified to the Seller, by registered letter with return receipt, within 15 days from receipt of the Products; failing such notification the Buyer's right to claim the above defects will be forfeited.. Any complaints relating to defects which cannot be discovered on the basis o

ricevimento (vizi occulti) dovranno essere notificati al Venditore mediante lettera raccomandata RR, a pena di decadenza, entro 15 giorni dalla data della scoperta del difetto e comunque non oltre dodici mesi dalla consegna. Il reclamo dovrà specificare con precisione il difetto riscontrato ed i Prodotti cui esso si riferisce.

4.4 Inoltre, ove la merce o il relativo imballaggio risultino danneggiati o in presenza di merce mancante, il Compratore è tenuto a formulare le riserve del caso nei confronti del trasportatore, secondo le forme previste per la modalità di trasporto utilizzata.

5. Prezzi

Salvo patto contrario,indicato nella parte A i prezzi intendono per Prodotti imballati secondo gli usi del settore in relazione al mezzo di trasporto pattuito, resa franco fabbrica, essendo inteso che qualsiasi altra spesa o onere sarà a carico del Compratore.

6. Condizioni di pagamento

6.1 Ove le parti non abbiano specificato le condizioni di pagamento (riempiendo la casella A-5 o altrimenti), il pagamento dovrà essere effettuato come indicato al successivo art. 6.2.

a careful inspection upon receipt (hidden defects) shall be notified to the Seller, by registered letter with return receipt, within 15 days from discovery of the defects and in any case not later than 12 months from delivery; failing such notification the Buyer's right to claim the above defects will be forfeited. The notice must indicate precisely the defect and the Products to which it refers.

4.4 Furthermore, if the goods or respective packing are damaged or if some goods are lacking, the Buyer must make the necessary reservations towards the carrier, in conformity with the formalities required for the respective mode of transportation.

5. Prices

Unless otherwise agreed,as indicated to be considered Ex Works, for Products packed according to the usages of the trade with respect to the agreed transport means. It is agreed that any other cost or charge shall be for the account of the Buyer

6. Payment conditions

6.1 If the parties have not specified the payment conditions (by completing box A-5 or otherwise), payment must be made as indicated under article 6.2 hereunder.

6.2 Ove le parti abbiano pattuito il pagamento posticipato, questo dovrà essere effettuato, in assenza di diversa specificazione, entro 60 gg. data fattura, mediante bonifico bancario. Si considera effettuato il pagamento quando la somma entra nella disponibilità del Venditore presso la sua banca in Italia. Ove sia stato previsto che il pagamento debba essere accompagnato da una garanzia bancaria, il Compratore dovrà mettere a disposizione almeno 60 giorni prima della data di consegna, una garanzia bancaria a prima domanda, emessa conformemente alle Norme Uniformi per le Garanzie a Domanda della CCI da primaria banca italiana e pagabile contro semplice dichiarazione del Venditore di non aver ricevuto il pagamento entro i termini pattuiti.

6.3 Ove le parti abbiano pattuito il pagamento anticipato senza ulteriori indicazioni, si presume che il pagamento anticipato si riferisca all'intero prezzo. Salvo diverso accordo, il pagamento anticipato dovrà essere accreditato sul conto del Venditore almeno 60 giorni prima della data di consegna convenuta.

6.4 Ove le parti abbiano pattuito il pagamento mediante credito

6.2 If the parties have agreed on payment on open account, payment must be made, unless specified otherwise, within 60 days from the date of invoice, by bank transfer. Payment is deemed to be made when the respective sum is at the Seller's disposal at its bank in Italy. If it is agreed that payment must be backed by a bank guarantee, the Buyer must put at the Buyer's disposal, at least 60 days before the date of delivery, a first demand bank guarantee, issued in accordance with the ICC Uniform Rules for Demand Guarantees by a primary Italian bank and payable against on simple declaration by the Seller that he has not received payment within the agreed term.

6.3 If the parties have agreed on payment in advance, without further indication, it will be assumed that such advance payment refers to the full price. Unless otherwise agreed, the advance payment must be credited to the Seller's account at least 60 days before the agreed date of delivery.

6.4 If the parties have agreed on payment by documentary credit, the

documentario, il Compratore dovrà, salvo diverso accordo, curare che un credito documentario irrevocabile, emesso conformemente alle Norme ed Usi uniformi della CCI relativi ai Crediti Documentari (Pubblicazione n. 500), venga notificato al Venditore almeno 60 giorni indicated in the part A della data di consegna convenuta. Salvo diverso accordo,indicato nella parte A il credito documentario dovrà essere confermato da una banca Italiana gradita al Venditore ed essere pagabile a vista.

6.5 Ove le parti abbiano convenuto il pagamento contro documenti, il pagamento avverrà, salvo diverso accordo, Documenti Contro Pagamento.

6.6 Salvo diverso accordo, eventuali spese o commissioni bancarie dovute in relazione al pagamento saranno a carico del Compratore.

6.7 In caso di ritardo di pagamento rispetto alla data pattuita, il Compratore sarà tenuto a corrispondere al Venditore un interesse di mora pari al tasso d'interesse del principale strumento di rifinanziamento della Banca centrale europea, più sette punti percentuali, conformemente all'art. 4 del decreto legisl. n. 231 del 9 ottobre 2002 che attua la direttiva

Buyer must, unless otherwise agreed, take the necessary steps in order to have an irrevocable documentary credit, to be issued in accordance with the ICC Uniform Customs and Practices for Documentary Credits (Publication n. 500), notified to the Seller at least 60 days before the agreed date of

the documentary credit shall be confirmed by an Italian bank agreeable to the Seller and will be payable for sight.

6.5 If the parties have agreed on payment against documents documentary collection) payment will be, unless otherwise agreed, Documents Against Payment.

6.6 Unless otherwise agreed, any expenses or bank commissions due with respect to the payment shall be for the Buyer's account.

6.7 Should payment be delayed with respect to the agreed date, the Buyer shall pay to the Seller interest for late payment at a rate corresponding to the interest rate applied by the European Central Bank to its main refinancing operations plus seven percentage points, in conformity with Article 4 of decree n. 231 of 9 October 2002 which implements the EC Directive 35/2000. Should the

CE 35/2000. L'eventuale ritardo di pagamento superiore a 30 gg. Dalla data indicata in fattura darà al Venditore il diritto di risolvere il contratto, con facoltà di trattenere la parte di prezzo pagata e di pretendere la restituzione dei prodotti forniti, a cura e spese del Compratore, oltre il risarcimento dell'eventuale danno.

delay exceed 30 days from the date indicated in the invoice, the Seller will be entitled to terminate the contract, to retain the part of the price already paid and to claim the return, at the Buyer's expense, of the products delivered, plus possible damages

6.8 Il Compratore non è autorizzato ad effettuare alcuna deduzione dal prezzo pattuito (ad es. in caso di pretesi difetti dei Prodotti), se non previo accordo scritto con il Venditore.

6.8 The Buyer is not authorised to make any deduction from the agreed price (e.g. if he pretends that the goods are defective), unless agreed in writing with the Seller.

6.9 E' inteso che eventuali reclami o contestazioni non danno diritto al Compratore di sospendere o comunque ritardare i pagamenti dei Prodotti oggetto di contestazione , né, tanto meno, di altre forniture.

6.9 It is agreed that possible complaints or objections do not entitle the Buyer to suspend or to delay payment of the Products as well as payment of any other supplies.

6.10 Qualora il Venditore abbia motivo di temere che il Compratore non possa o non intenda pagare i Prodotti alla data pattuita, egli potrà subordinare la consegna dei Prodotti alla prestazione di adeguate garanzie di pagamento (ad es. fideiussione o garanzia bancaria). Inoltre, in caso di ritardi di pagamento, il Venditore potrà modificare unilateralmente i termini di eventuali altre forniture e/o sospenderne l'esecuzione fino

6.10 Should the Seller have reasons to fear that the Buyer cannot or does not intend to pay the Products on the agreed date, he may make delivery dependant on obtaining an appropriate payment guarantee (e.g surety or bank guarantee). Furthermore the Seller may, in case of delayed payment, unilaterally modify the terms of payment of other supplies and/or suspend their

appropriate payment guarantees.

all'ottenimento di adeguate
garanzie di pagamento.

7. Garanzia per vizi

7.1 Il Venditore si impegna a porre
rimedio a qualsiasi difetto di
conformità (vizio) dei Prodotti a lui
imputabile, verificatosi entro
ventiquattro mesi dalla consegna
dei Prodotti al Compratore, purché
tale difetto di conformità gli sia stato
notificato tempestivamente in
conformità all'art. 4.3. In tal caso il
Venditore provvederà, a sua scelta,
alla sostituzione o riparazione dei
Prodotti (o parti di essi) risultati
difettosi.

7.2. In aggiunta alla garanzia di cui
all'art. 7.1, il Venditore si impegna
a sostituire o riparare eventuali
Prodotti risultati difettosi dopo la
loro consegna al consumatore finale
in relazione ai quali il Compratore
abbia preso le misure imposte
dall'art. 1519-*quater* c.c. (o di
analoga norma di altro Stato
membro dell'Unione Europea,
basata sull'art. 3 della direttiva
europea 1999/44/CE del 25 maggio
1999), a condizione che il
Compratore faccia valere il diritto
di regresso ai sensi dell'art. 1519-
quinquies (o di analoga norma di
altro Stato membro dell'Unione
Europea, basata sull'art. 4 della
direttiva europea 1999/44/CE del 25

7. Warranty for defects

7.1 The Supplier undertakes to remedy

Products for which he is liable,
occurring within twenty-four months
from delivery of the Products to the
Buyer, provided he has been notified
timely about such defect according
to Article 4.3. In such case the
Supplier will, at his choice, either
replace or repair the Products (or
parts of the Products) which result to
be defective.

Article 7.1, the Supplier agrees to
replace or repair Products which
may result defective after delivery to
the final consumer and with respect
to which the Buyer has taken the
measures imposed by Article 1519
quater of the Italian civil code (or
under similar provisions of other
member States of the European
Union, based on Article 3 of the
European directive 1999/44/CE of
25 May 1999), provided the Buyer
exercises his action in redress based
on Article 1519-*quinquies* of the
Italian civil code (or under similar
provisions of other member States of
the European Union, based on
Article 4 of the European directive

maggio 1999) non oltre quattro anni dalla consegna dei Prodotti al Compratore e semprechè il difetto sia imputabile ad una azione od omissione del Venditore.Il presente articolo 7.2 si applica solo nel caso in cui il Compratore sia domiciliato all'interno dell'Unione europea.

7.4 Gli obblighi assunti dal Venditore con gli articoli 7.1 e 7.2 (di riparare o sostituire i Prodotti nelle ipotesi ed alle condizioni ivi stabilite) sono assorbenti e sostitutivi delle garanzie o responsabilità previste per legge. Si conviene pertanto che è espressamente esclusa, salvo il caso di dolo o colpa grave del Venditore, ogni altra responsabilità del Venditore (sia contrattuale che extracontrattuale) comunque originata dai Prodotti forniti e/o dalla loro rivendita (ad es. risarcimento del danno, mancato guadagno, ecc.).

8 Riserva di proprietà

E' convenuto che i Prodotti consegnati restano di proprietà del Venditore fino a quando non sia pervenuto a quest'ultimo il completo pagamento.

9 Forza maggiore

9.1 Ciascuna parte potrà sospendere l'esecuzione dei suoi obblighi contrattuali quando tale esecuzione sia resa impossibile o irragionevolmente onerosa da un

---

1999/44/CE of 25 May 1999) within

Buyer and provided the defect is due to an act of omission by the Supplier. This clause 7.2 shall only apply in case the Buyer is domiciled within the European Union.

7.4 The obligations undertaken by the Supplier under Articles 7.1 and 7.2 (i.e. to replace or repair the Products in the cases and under the conditions stated therein) are in lieu of any other legal guarantee or liability provided by law. It is consequently agreed that, except in case of fraud or gross negligence of the Supplier, any other Supplier's liability (both contractual or extra-contractual) which may arise from the Products supplied and/or their resale (e.g. compensation of damages, loss of profit, etc.) is expressly excluded.

8 Retention of title

It is agreed that the Products delivered remain the Seller's property until complete payment is received by the Manufacturer.

9 Force majeure

9.1 Either party shall have the right to suspend performance of his contractual obligations when such performance becomes impossible or unduly burdensome because of

impedimento imprevedibile indipendente dalla sua volontà quale ad es. sciopero, boicottaggio, serrata, incendio, guerra (dichiarata o non), guerra civile, sommosse e rivoluzioni, requisizioni, embargo, interruzioni di energia, ritardi nella consegna di componenti o materie prime.

9.2 La parte che desidera avvalersi della presente clausola dovrà comunicare immediatamente per iscritto all'altra parte il verificarsi e la cessazione delle circostanze di forza maggiore.

9.3 Qualora la sospensione dovuta a forza maggiore duri più di sei settimane, ciascuna parte avrà il diritto di risolvere il presente Contratto di vendita, previo un preavviso di 10 giorni, da comunicarsi alla controparte per iscritto.

10. Risoluzione delle controversie
Tutte le controversie relative o comunque collegate al presente contratto saranno risolte in via definitiva in conformità al Regolamento di Mediazione/Arbitrato presso Il Tribunale di ……….(Italia)

unforeseeable events beyond his control, such as strikes, boycotts, lock-outs, fires, war (either declared or not), civil war, riots, revolutions requisitions, embargo, energy blackouts delay in delivery of components or raw materials

9.2 The party wishing to make use of the present clause must promptly communicate in writing to the other party the occurrence and the end of such force majeure circumstances.

9.3 Should the suspension due to force majeure last more than six weeks either party shall have the right to terminate this Contract of sale by a 10 days' written notice to the counterpart.

10. Dispute resolution
Any dispute arising out of or in connection with this contract shall be finally settled in accordance with the arbitration Rules/Mediation with Legal Court of (Italy)

Ora si che è tutto molto chiaro!

Molto chiaro ?

Come no!

Stiamo per accartocciare e lanciare il tutto nel più vicino cestino dei rifiuti, quando la nostra proverbiale determinazione ci viene in soccorso.

Mai mollare !

Cominciamo dal principio.

I nostri dati (nome e indirizzo):bene. I dati della nostra futura controparte estera (nome e indirizzo).Fin qui nessun problema. Descrizione della merce : tutto ok(potremo descrivere la stessa o fare riferimento ad una precedente fattura pro-forma o a una conferma d'ordine inviata a suo tempo al compratore); il prezzo totale : qui indicheremo il valore della nostra merce, che poi riporteremo nella fattura ; dovremo esportare negli Stati Uniti ,per cui il valore sarà normalmente espresso in USD (ma esiste anche la possibilità che il nostro cliente estero accetti un valore in EUR). I guai cominciano quando vediamo sigle strane (EXW, FOB, CIF ecc.)

Arabo ? Ci informiamo da un nostro conoscente spedizioniere(che ci assisterà per la spedizione della merce e per la produzione dei documenti necessari): queste sigle esprimono semplicemente quali spese, rischi e noli di trasporto contiene il prezzo di vendita della merce.

I termini più ricorrenti sono EXW (EXWORKS) che sta per "franco fabbrica"; in questo caso le spese e i relativi rischi di trasporto sono tutti a carico del compratore;CIF (COST,INSURANCE ,FREIGHT) cioè "costo, assicurazione e nolo", in cui noi ci preoccupiamo di assicurare la merce e di farla trasportare a nostre spese sino alla sede o al porto previsto dal compratore, ovviamente incrementando il prezzo totale di vendita con quelle spese; FOB(FREE ON BOARD") cioè "franco a bordo", vale a dire che noi provvederemo a

curare il trasporto , con i relativi rischi , sino sul bordo della nave.

Dopo un attento studio cartografico, dal quale abbiamo dedotto che vi potrebbe essere qualche lieve difficoltà da parte di un camionista , pur esperto, ad attraversare l'Atlantico col suo Tir, senza usare una nave,riteniamo di optare per il FOB.Non ci preoccuperemo oltre di quello che potrà accadere durante la navigazione,né quindi dovremo presentare al compratore eventuali polizze di assicurazione , magari a lui non gradite. Caricheremo la merce a La Spezia ,o a Genova, o a Brindisi anche in base a ciò che ci suggerirà il compratore stesso, che avrà valutato la linea di navigazione più opportuna. Ora la cosa diventa interessante : i termini di pagamento. Quando vediamo "pagamento anticipato", le nostre pupille si illuminano, fortemente vogliose . Ma riprendiamo quasi subito il nostro tipico self-control, quando capiamo che è opportuno che tale tipologia di incasso possa riguardare solo una percentuale dell'importo (ad es. il 5% o il 10%).In caso contrario, come detto sopra,   sia Jerry che Tom , dopo aver rivolto verso di noi inequivocabili gesti di stizza, utilizzeranno il nostro contratto per uno scopo che potrebbe apparire non nobile (ma che non stiamo a descrivere). Per cui scegliamo di chiedere un pagamento anticipato del 10% e l'emissione ,per il restante 90% , di un credito documentario irrevocabile (attenzione:deve essere sempre irrevocabile, mai revocabile) a nostro favore. Questa struttura dei pagamenti è infatti tipica, in caso di rapporti tra le due parti non consolidati da tempo, o addirittura, come nel nostro caso,appena nati. In questo modo ,infatti, il venditore(cioè noi) ha la garanzia che, ove sia da lui rispettato ogni punto previsto dal credito documentario e ogni documento richiesto sia stato inviato al compratore ,nei modi e nei termini che egli ha disposto, egli riceverà il pagamento pattuito. Il compratore d'altro canto, proprio grazie ai

documenti richiesti sarà sicuro che noi avremo spedito la merce con le caratteristiche e la qualità desiderate, nei tempi e nei modi previsti dal contratto.

Il credito documentario può essere   : 1)per pagamento a vista o a scadenza 2) per accettazione del pagamento (di solito su tratta a scadenza, più raramente su tratta a vista) 3) per negoziazione dei documenti a vista o a scadenza.

Onde non addentrarci in elucubrazioni degne di un premio Nobel , diciamo che la forma migliore per degli esportatori esperti (?) come noi è "pagamento a vista" ; cioè una volta che la banca designata al pagamento a nostro favore ha riscontrato che i documenti sono stati compilati correttamente (cioè sono "conformi") e presentati nei tempi e nei modi previsti , ci paga.E' fondamentale a questo proposito sottolineare che il credito documentario è un contratto scisso dall'operazione commerciale sottostante e perché possa essere suscettibile di conclusione

positiva(cioè che ci venga pagato),i documenti devono essere assolutamente compilati come ci sono indicati nel credito.Può capitare infatti (ed è capitato) che anche per un banale errore ortografico , la banca designata al pagamento sollevi delle "riserve" e quindi si rimetta alla volontà del compratore , il quale può accettare o meno di pagarci. In ogni caso ,nella migliore delle ipotesi verremo pagati in ritardo e magari con delle decurtazioni, motivate in vario modo (spese banca estera, spese incasso ,spese accettazione ecc).

La dicitura "credito documentario irrevocabile confermato " o" non confermato", sta a significare che ,se richiesta la "conferma", vi sarà l' esame dei documenti da parte di una banca italiana confermante e , se conformi, vi sarà una doppia garanzia del buon esito del pagamento a nostro favore sia della banca estera emittente il credito, sia della suddetta Banca italiana "confermante",che si assume il rischio. Ciò può essere

importante per quei Paesi (e per quelle banche)in situazioni di forte instabilità finanziaria, politica, economica o sociale, per cui vi è il dubbio che quella banca estera (e quel paese estero)non godano di sufficiente solvibilità. Dobbiamo considerare però che la commissione applicata dalla Banca confermante in genere è abbastanza costosa (il livello del costo dipenderà dalla qualità della controparte bancaria estera e dello Stato estero; ovviamente in caso di forte rischio ,sarà molto ,ma molto costosa). In questo senso , torniamo a quanto detto nelle prime pagine :avevamo preparato un elenco di Paesi e di banche a basso o bassissimo rischio e di elevato "rating". Se la banca (e il Paese)emittenti ,sono in quell'elenco potremmo ,magari, evitare il classico, piccolo infarto dovuto alla commissione ,optando per la rinuncia alla "conferma".In quest'ottica sarebbe opportuno che il compratore ci facesse conoscere preventivamente il nome della sua Banca,così da farne fare una valutazione ai nostri fidati amici bancari.
A questo proposito , è bene sottolineare che nel credito documentario possono apparire varie banche :banca emittente, banca designata al pagamento, banca avvisante , banca confermante, banca rimborsante,banca notificatrice ecc.
 Il Bancario è una specie animale estremamente vorace. Si nutre prevalentemente di interessi ma non disdegna commissioni, provvigioni, scarti ,trattenute, bolli, ritenute,diritti, spese ecc. Il suo tipico atteggiamento(sorriso, battuta,discussione su campionato di calcio ecc.)non deve trarre in inganno:è pronto a ghermire. Quindi , appena percepirà all'orizzonte anche solo una parvenza di potenziale ,possibile suo intervento (ove previsto, naturalmente) artiglierà una commissione, più o meno
 consistente .Pertanto, meno banche interverranno e meglio sarà per noi. In altri termini, se la nostra banca è una Cassa Rurale, tipo la famosa Banca Anonima e Rurale di San Reggo,

filiale di Ancoraperpoco, con uno sportello e due impiegati(sia pure molto simpatici, con i quali beviamo il caffè e parliamo del Milan ecc),sarebbe bene escluderla dall'operazione: se la indichiamo come banca notificatrice del credito(cioè la banca che ci rimetterà il testo del credito documentario) , si prenderà come ovvio la sua commissione, dovrà appoggiare i documenti da noi preparati a una banca più importante(di solito la banca designata al pagamento), la quale a sua volta decurterà e via di seguito. Lasciamo che il credito ci venga avvisato da una banca italiana con cui la banca estera ha dei rapporti, anche se a noi sconosciuta e con cui non abbiamo il conto(non sarà necessario aprirne uno).Al momento opportuno forniremo ad essa le nostre coordinate bancarie e saremo accreditati. Salteremo un passaggio ma soprattutto salteremo un piccolo salasso. Avremo modo ,più avanti, di fare lavorare anche i nostri amici della Banca Anonima.

LA FIRMA FATIDICA
L'emozione ci blocca. Tutto è pronto per la firma.

Ecco , abbiamo firmato.
 A seguire, via posta (o anche via e/mail o fax: non ci può importare di meno quale mezzo comunicativo venga adoperato)anche i nostri amiconi Jerry & Tom ci ritornano copia del contratto da loro sottoscritto.
Sono 10000,00 bei dollaroni americani.
Ora dobbiamo attendere l'arrivo del pagamento anticipato ,pari a usd 1000. Abbiamo loro comunicato il codice IBAN e il codice BIC/SWIFT della nostra banca .
Siamo elettrizzati.
Passa circa una settimana ed ecco sul nostro conto arriva il bonifico ,che viene trasformato in euro al cambio del momento.

E' bellissimo !

Dopo un'altra settimana ,arriva il testo del credito documentario, relativo ai restanti 9000 usd .Ovviamente non ci capiamo un'acca, ma della sua decrittazione ci occuperemo successivamente.

Il mondo ci sorride .E' così meraviglioso!

Dobbiamo iniziare a preparare la merce, perché , questo lo abbiamo capito , la spedizione deve avvenire entro 60 giorni.

Coinvolgiamo i figli , nell'intento di farli partecipi dell'avvenimento (e di farci dare una mano).

Solo che nella speciale classifica dagli stessi redatta, la casistica "lavoro" si colloca invariabilmente alle spalle di "studio dell'inglese".

A questo punto, abbastanza saturi, ripetiamo ai figli la frase che il sommo Confucio rivolgeva ai suoi amati e fedeli discepoli onde istruirli alla consapevolezza (" O mangi questa minestra – in senso metaforico, vale a dire mi aiuti - ,o potresti saltare da questa finestra – non in senso metaforico"). Notiamo immediatamente che la voce"lavoro"migliora rapidamente la sua classifica.

Così i figli ,resisi conto dell'amore che proviamo per loro (anche perché li abbiamo ulteriormente rincuorati con l'altra frase importante :"Se non mi aiuti ,i miei soldi li vedi col binocolo"), si prodigano assistendoci fattivamente.

Ecco il testo del credito documentario :

M 27 Sequence of- Total Sequenza Totale Pagine
1/1
O 40A Form of Documentary Credit- Forma del Credito Documentario
IRREVOCABLE
M 40E Applicable Rules- Norma Applicabile
RULES NR 500 INTERNATIONAL CHAMBER OF COMMERCE
M 20 Documentary Credit Number- Numero Credito Documentario
23456AB

O 23 Reference to Pre-Advice Riferito al Pre-Avviso
O 31C Date of Issue- Data di Emissione
11/06/2013
M 31D Date and Place of Expiry- Data e Luogo di Scadenza
31 AUGUST 2013 San Reggo............ (ITALY)
O 51a Applicant Bank- Banca del Compratore/Ordinante
WELLS FARGO BANK NEW YORK
M 50 Applicant Compratore/Ordinante
JERRY & TOM LTD NEW YORK
M 59 Beneficiary Beneficiario
PAOLO ROSSI &C SRL - San Reggo..........
M 32B Currency Code,- Amount Importo del Credito
USD 9000,00
O 39A Percentage Credit Amount Tolerance Tolleranza nell'Importo
00
O 39B Maximum Credit Amount Importo Massimo del Credito
NOT EXCEEDING
O 39C Additional Amounts Covered -Ammontare Addizionale Coperto
M 41a Available With... By... Utilizzabile con...per..
BANCA ANONIMA E RURALE DI SAN REGGO
BY PAYMENT AT SIGHT
O 42C Drafts at... Tratte a...
O 42a Drawee Trassato
O 42M Mixed Payment Details Pagamento Misto
O 42P Deferred Payment Details Pagamento Differito
O 43P Partial Shipments- Spedizioni Parziali
NOT ALLOWED
O 43T Transhipment Trasbordi
NOT ALLOWED
O 44A Place of Taking in Charge at/from- Luogo di presa in Carico a/da
BRINDISI PORT FOR FINAL DESTINATION NEW YORK APPLICANT FACTORY
O 44B For Transportation to... Per Trasporto a...
NEW YORK PORT
O 44C Last Date of Shipment Ultima Data di Spedizione
11 AUGUST 2013
O 44D Shipment of Period Periodo di Spedizione
O 44E Port of Loading/Airport of Departure-Porto di Carico/Aeroporto di Partenza
BRINDISI PORT
O 45A Description of Goods and/or Services- Descrizione delle Merci e/o dei Servizi

**THE GOODS AS PER SALE CONTRACT STIPULATED BETWEEN
BENEFICIARY AND APPLICANT ON DATE 11 MAY 2013.THAT FORMS
INTEGRATING PART WITH THIS DOCUMENTARY CREDIT**
O 46A Documents Required- Documenti Richiesti
**MARINE BILL OF LADING CLEAN ON BOARD(FULL SET)ISSUED TO
THE ORDER OF APPLICANT
COMMERCIAL INVOICE (ONE ORIGINAL PLUS TWO COPIES)
PACKING LIST
WEIGHT LIST
CERTIFICATE OF ORIGIN
PHOTOCOPY OF SALE CONTRACT DATED 11 MAY 2013 BETWEEN
APPLICANT   AND BENEFICIARY
DECLARATION STATING THAT GOODS ARE MAKED AS REQUESTED**
O 47A Additional Conditions Condizioni Aggiuntive
O 71B Charges Spese e commissioni bancarie
**YOUR COMMISSIONS AND CHARGES ARE FOR BE
NEFICIARY'S ACCOUNT**
O 48 Period for Presentation Periodo di Presentazione dei documenti
WITHIN THE DATE OF EXPIRY
M 49 Confirmation Instruction Istruzioni di Conferma
WITHOUT
O 53a Reimbursing Bank Banca Rimborsante
CITIBANK OF NEW YORK
O 78 Instructions to the Paying/Accepting/Negotiating Bank
Istruzioni per la Banca Pagante/Accettante/Negoziante
O 57a "Advice Through" Bank Banca attraverso cui avvisare
BANCA ANONIMA E RURALE DI SAN REGGO
O 72 Sender to Receiver Information Istruzioni per la Banca Ricevente

Supportati dai nostri amici bancari , comprendiamo che Jerry
& Tom non hanno calcato troppo la mano . Le condizioni e i
documenti richiesti non sono così complicate.Il credito è stato
emesso come irrevocabile (come noi desideravamo e come di
norma deve essere, altrimenti perde gran parte della sua
funzione di garanzia).
La scadenza (cioè la data entro la quale devono essere
presentati i documenti alla banca designata Banca Anonima e
Rurale di San Reggo) e il luogo di scadenza(San Reggo) ci
agevolano in quanto la conformità dei termini e dei documenti
è verificata in Italia e non negli Stati Uniti

Il pagamento è "a vista" (payment at sight) quindi se tutto è a posto la Banca Anonima e Rurale di San Reggo chiederà il rimborso alla banca rimborsante(Citibank) immediatamente, avvisando anche la banca dei nostri compratori(passeranno comunque alcuni giorni da questo momento al momento del bonifico a nostro favore,ma si tratterà di massimo 7/10 giorni).La ultima data di spedizione (last date of shipment) è ovviamente l'ultimo giorno possibile entro il quale dobbiamo far partire la merce, pena l'evidenziazione di una importante difformità e l'impossibilità ad incassare rapidamente.Non sono ammessi trasbordi (transhipment)né spedizioni parziali(partial shipments) Il porto di partenza è Brindisi, quindi ,in accordo con un agente marittimo/spedizioniere, faremo trasportare la merce sulla nave prevista.A questo proposito occorre fare attenzione : il trasporto in questo caso è in parte a mezzo camion sino alla nave e in parte con la nave stessa sino a New York; lo spedizioniere potrebbe emettere per comodità una polizza di trasporto combinato (parte via terra parte per nave), ma se ciò non è previsto dal credito (come in questo caso : è infatti prevista l'emissione di una polizza di carico marittima, Marine bill of Lading) potrebbe anche essere segnalato come una discordanza nei documenti presentati e quindi si potrebbe verificare la paventata non immediatezza del pagamento, con richiesta di accettazione della difformità inviata al cliente americano da parte della banca che esaminerà i documenti e di conseguenza ritardi e addebiti ulteriori di spese.A questo si potrà ovviare con la richiesta da parte nostra al compratore di far produrre alla sua banca un emendamento al credito documentario (cioè una modifica), in cui siamo da loro autorizzati a far emettere , se è il caso, una polizza di carico a trasporto combinato(combined transport bill of lading).La Bill of lading è richiesta "clean on board"(il che significa che la merce nell'essere caricata sulla nave non dovrà avere subìto

danni tali da essere indicati sulla polizza stessa)e all'ordine del compratore(cioè il compratore potrà ritirare la merce una volta in possesso del documento, che ritirerà solo dopo avere pagato)."Full set"sta per set completo, cioè di norma 3 originali e tre copie.

Sono richiesti il packing list (lista imballaggi) il weight list(lista pesi) la fattura commerciale , (commercial invoice) il certificato di origine della merce(certificate of origin), per il quale ci faremo assistere dalla locale Camera di Commercio, una fotocopia del contratto di vendita e una dichiarazione che la merce è conforme a quanto richiesto. Occorre fare molta attenzione alla descrizione della merce : essa deve essere riportata esattamente uguale in tutti i documenti (come detto sopra ,la banca che esamina i documenti lo fa controllando semplicemente la descrizione letterale , non si preoccupa dell 'operazione commerciale sottostante ; una descrizione del prodotto diversa , anche se si tratta dello stesso prodotto, potrebbe provocare il rilievo di qualche discordanza con le conseguenze suindicate). Stessa cosa per il numero e gli estremi del credito documentario che è bene riportare in tutti i documenti :non ci devono essere errori. La conferma non è richiesta in quanto ci eravamo resi conto che la banca dei nostri clienti è valida e solvibile e quindi non è necessaria la "conferma" della banca italiana (infarto evitato).La presentazione dei documenti alla banca avvisante (in questo caso anche banca designata al pagamento,Banca Anonima e Rurale)deve avvenire entro la data di validità del credito.

IL RISCHIO DI CAMBIO

Stiamo predisponendo i documenti richiesti (salvo la Marine Bill of Lading e il certificato di origine, per i quali abbiamo incaricato lo spedizioniere e la Camera di Commercio).Raggiungiamo, nella compilazione, una

elevatissima perfezione linguistica e letteraria, tale che lo stesso Shakespeare sarebbe devastato da un profondo senso di invidia.

Ora tocca alla fattura (commercial invoice).Anche agli effetti della nostra contabilità aziendale dobbiamo attribuire ai 9000 usd da incassare un controvalore in euro; li convertiamo all'ultimo cambio disponibile, dato dalla chiusura della "divisa"(che non è un abito ma è tutto ciò che non è banconota, la quale ha un cambio molto diverso) del giorno prima, che rileviamo da giornali economici, da Internet, o semplicemente dal Televideo.

Ci sorge un piccolo dubbio : le nostre conoscenze in materia valutaria sono limitate, ma il mezzo-busto del TG1(di sesso maschile o femminile), ci ricorda che il dollaro in rapporto all'euro, varia di valore repentinamente.

(A proposito : ma per quale arcano motivo i visi degli stessi sono atteggiati sempre a)con espressioni funeree, tali da ritenere che , a cadenza giornaliera ,venga loro a mancare improvvisamente il gatto di casa ;b) o in alternativa, con sorriso a 64 denti, tale da evidenziare la loro quotidiana individuazione di un favorevole ambo al lotto?).

 Tornando al cambio usd/euro, notiamo che 2 giorni or sono per ottenere un euro ci volevano 1,30 dollari, ieri ci volevano 1,31 dollari, oggi 1,32 dollari.Intuiamo che quindi l'altro ieri 9000 usd erano pari a eur 6923 (9000 per 1 diviso 1,30) ieri erano eur 6870 (9000 per 1 diviso 1,31) oggi eur 6818 (9000 per 1 diviso 1,32).

Ed è così che ci sopravviene una angosciante crisi di panico.La boccetta dell'ansiolitico in pugno e il defibrillatore nell'altro : e se il dollaro continuasse a perdere di valore ? La nostra

favolosa prima esportazione si trasforma in un incubo. Un dramma economico tipo la crisi americana del 1929.

Niente paura. La lettura di libri , riviste, giornali ,Internet ,che divoriamo con tempi da record mondiale ,ci illuminano : abbiamo la soluzione. Ci sono gli strumenti per difenderci dal rischio di cambio. E ,oltre tutto, ce ne sono tanti: contratti a termine,opzioni cilindriche, swap, opzioni non cilindriche (boh? Ma il cilindro non era un cappello?), conti valutari, cambio di indifferenza, anticipi in valuta ecc.

Limitiamoci allo strumento più semplice e meno costoso :la vendita a termine dei 9000 usd.

Attraverso la stipula di un simile contratto noi stabiliamo di vendere una certa quantità di valuta estera, che ancora non abbiamo, ma di cui disporremo tra qualche tempo , (cioè dopo che avremo spedito la merce , rimesso i documenti del credito documentario alla banca, e ricevuto il bonifico;in questo senso recitiamo 2 volte al giorno un apposito rosario) a un cambio che fissiamo nella giornata odierna contro euro e con esecuzione a una certa scadenza.Quindi la vendita effettiva dei usd e l'accredito sul nostro conto sarà eseguita alla scadenza, ma al cambio fissato oggi. Quest'ultimo è leggermente diverso da quello che l'esperto del tg1 ci comunica giornalmente, ma non di molto.

Ora si che respiriamo a pieni polmoni.
Abbiamo ritrovato la serenità.
Tutto il mondo ci sorride di nuovo.

No.
Troppo semplice.
Stiamo per perdere i sensi ed accasciarci.

Mano all'ansiolitco. Un nuovo dubbio ci assale.

E se il dollaro nel frattempo si rafforzasse? Se fra due mesi il cambio fosse 1,20 (pari a eur 7500) o peggio : a 1,15 (pari a eur 7826)?

Perderemmo un bel guadagno ,non commerciale,ma frutto di speculazione, di fortuna.Di gioco

Siamo dei giocatori ?

Vero è che alcune volte al mese compriamo biglietti del Superenalotto.

Ma sogniamo cose semplici . Niente di esagerato. Niente di compromettente

E' altresì vero che abbiamo preparato un piccolo piano in caso di vincita.

Ma ,mio Dio, è solo un gioco.

Il piano prevede :a) uscita dal nido familiare con la classica frase :<< Cara, esco. Corro a prendere le sigarette. Torno subito>>. Frase che a seguire abbiamo modificato, non avendo mai fumato in vita nostra, e pertanto potendo incutere qualche lieve ,piccolo dubbio nella consorte. Per cui abbiamo sostituito la suddetta locuzione con l'altra, tipica :<<Cara , esco.Corro a prendere il giornale.Torno subito>>

b)una volta in possesso del malloppo, e dopo vari,appassionati (anche se indecorosi) gesti di insofferenza verso tutto ciò che ci circonda, attiveremo una serie di segnalazioni anonime, circa il nostro avvistamento, provenienti da 1)villaggio della Patagonia 2)cittadina della Siberia , con favolosa temperatura media estiva intorno ai –30 gradi centigradi 3)accogliente località al centro del deserto del Sahara, raggiungibile solo tramite dromedario. Tutto ciò per depistare i coriacei inviati di "Chi l'ha visto?", sguinzagliati alla nostra ricerca

c)Serie di plastiche facciali a ripetizione

d)acquisto di isoletta della Polinesia, con fitta rappresentanza di fauna locale, di età non superiore ai 30 anni, e livello standard non inferiore a Angelina Jolie.

Basta. Dopo tutto questo intenso sognare guardiamoci allo specchio.

Non siamo dei giocatori, non amiamo il rischio.

Quindi , tornando alla nostra esportazione , la nostra vastissima intelligenza ci viene incontro : potremmo propendere per la stipula di un contratto di vendita a termine, per tutti i 9000 usd come inizialmente avevamo valutato, accontentandoci del guadagno commerciale. Oppure potremo stipulare un contratto a termine pari al 50% dell'importo da incassare (usd 4500) ed il restante lo faremo negoziare alla banca nel momento in cui arriverà il bonifico, al cambio di quel giorno. In questo modo i due rischi, quello di una svalutazione, o di un mancato guadagno causa rivalutazione ,sono ridotti al 50%.

La nostra Banca ci assiste e fissiamo la vendita a termine a 60 giorni da oggi, tempo che riteniamo congruo per completare i documenti, controllarli, spedire la merce ,inviare i documenti alla banca designata al pagamento (che in questo caso,come detto coincide con la banca avvisante), e attendere l'arrivo del bonifico. Concordiamo con la nostra banca che se il pagamento dovesse arrivare prima della scadenza della vendita a termine, l'importo venga trattenuto su un conto valutario infruttifero provvisorio in attesa di quella scadenza.

Rimettiamo i documenti alla banca avvisante e restiamo in fervida attesa.

Un bel giorno ci svegliamo e cosa troviamo sul nostro conto corrente?(di solito asfittico, spesso sull'orlo del coma vigile?). Degli ottimi euro, frutto della negoziazione del bonifico e della contestuale chiusura della vendita a termine dei dollari. Notiamo che complessivamente, ci è stato appioppato un discreto fardello di commissioni. Ma non importa. Abbiamo guadagnato, e anche molto.
La vita ci sorride.Il mondo è nostro.
La lingua straniera ? Ci sembra di conoscere l'inglese meglio del Principe Carlo.
Le valute estere ? Il TG1 ci fa un baffo : ne sappiamo molto di più.
I crediti documentari ? Robetta.
Nulla ci fa più paura, nulla ci può più fermare.

Ora si che siamo dei veri , coriacei,duri esportatori.

www.ingramcontent.com/pod-product-compliance
Lightning Source LLC
Chambersburg PA
CBHW081408170526
45166CB00010B/3260